나의 정의

나의 정의

지우 단상집

프롤로그

　모든 걸 버리고 사라지고 싶은 순간들이 있었다. 나의 기인은 순간에서 시작되었다. 아프다고 말하면 주저앉아 버릴 것만 같아서, 더는 나아가지 못하는 일이 무서워서 혼자 있을 때도 내가 꼭 웃을 수 있길 바랐다. 가끔은 무대에서 내려와 헉헉대며 울었다. 스스로가 초라하게 느껴졌다. 살면서 가장 죽고 싶었던, 동시에 행복해지고 싶었던. 정의할 수 없는 많은 감정은 나의 마음에 멍과 흉으로 자리한다. 눈을 감으면 다시 상처가 가득한 나의 작은 방으로 돌아가는 듯하다, 어제처럼 선명하다. 두려워할수록 한 걸음 더 내게 다가오는 나의 상처들. 결국 나의 기인은 멍, 상처, 흉으로 짜였다. 더 이상 나로 정의될 수 없는 감정들, 눈을 감으면 어김없이 돌아오는 나의 정의들.

차례

16 00 프롤로그

I부 **정의**

16 01 우주
18 02 소개
20 03 정의
22 04 기인
24 05 상처
26 06 멍
28 07 흉
30 08 화상
32 09 감정
34 10 과정
38 11 노력 I
40 12 노력 II
42 13 무용
44 14 섬광
46 15 열정

2부 우울

- **50**   16   세계
- **52**   17   문턱
- **56**   18   동굴
- **58**   19   잠식
- **60**   20   윤슬
- **64**   21   우울 I
- **68**   22   우울 II
- **70**   23   시련
- **72**   24   무력
- **74**   25   창문
- **76**   26   다짐 I
- **78**   27   다짐 II
- **80**   28   흔적 I
- **82**   29   흔적 II
- **84**   30   영원
- **86**   31   막내
- **88**   32   인물 I (소라)
- **90**   33   인물 II (소나)
- **92**   34   인물 III (새벽)
- **94**   35   엔딩

3부 균형

98	36 손길
100	37 책
102	38 필사
104	39 일기 I
106	40 일기 II
108	41 고백
110	42 눈짓
112	43 사랑
114	44 대답
118	45 절
120	46 어깨 I
122	47 어깨 II
124	48 여행
126	49 수호
128	50 나무
130	51 균형
132	52 행복
134	53 문
136	54 통로
138	55 연말
144	에필로그

나의 정의 1부

정의

01

우주

1부 정의

앞으로 나는 얼마나 수많은 발자국을 찍어나가게 될까. 어린 시절 읽던 책의 맛이 현재의 나에게 싱그러운 바람이 되고, 가장 사랑했던 발레는 내 안의 견고한 검은 돌멩이가 되었다. 무한히 성장하고 싶고, 무한히 성장할 나를 발견하기까지 정말 많은 곳을 공전해왔다. 이제 시작이라는 생각이 든다. 자신을 사랑하고 곁을 사랑하며 살아가는 것, 앞으로 나아가는 일, 어제가 오늘이 된다는 것. 나의 우주는.

02

소개

대체로 나는 혐오의 기억으로 이루어져 있어. 부단히 아끼려고 노력해서 소중해진 삶을 이루려는 듯이 대체로 다듬어진 글이 나오지만, 결국 오래 바라본 사람의 기분이 어떤지 단박에 알아채듯이, 세공되고 부단히 숨겨도 묻어나오는 마음이나 감촉, 냄새 같은 것들이 있지. 나는 대체로 그렇게 구성되었어. 얼기설기 잘못 얽힌 뜨개 목도리처럼.

그런 나에게 넌, 나로 사는 기분은 어떠냐고 물었지. 빛나는 물음에서, 그런 눈망울 뒤에서, 나를 소중히 여겨주는 마음 앞에서, 나는 불현듯 주저앉고 말아.

03

정의

부모님은 제 약점이 세상에 드러나지 않았으면 하셨어요. 그럴수록 저는 더 악을 쓰고 드러냈고요. 마음을 쓰고 숨겨주려는 사람, 악을 써서 드러내려는 사람. 마음을 써서 숨겨주려는 사람들은 대체로 세상을 아는 사람들이에요. 세상엔 약점이 보이면 그것만으로 나를 판단하려는 사회가 나를 기다리거든요. 모두가 나를 부끄러워한다고 여겨서, 초라하게 느껴지는 내가 아파서, 덤덤한 척 마음을 쪼그리고 부풀렸어요. 어떤 과장이, 어떠한 축소가 나를 잘 설명해 주는지 가만히 들여다보게 돼요. 과장된 내가 훨씬 더 나인 것 같다는 생각은 더 이상 하지 않아요.

04

기인

당신의 기인은 어디서부터 시작되었나요. 가끔은 특정한 순간들을 잊을 수 있길 바랐습니다. 순간들로부터 헤어 나오지 못해서, 그 순간들이 나의 기인이라고 믿어서 자주 다치는 오른발이 되었고, 침대와 마음에서 다시금 일어나 걷는 법을 배워야만 했습니다.

수천 번 마음으로만 사람을 죽인다고 해서 살아있는 생명체로 존재할 수 있게 될까요? 어릴 적 처음 배우던 새롭고 경이로운 걸음마와 수많은 시간이 흐르고 나서 다시 배우는 걸음마는 너무나도 다른 기분입니다. 하지만 마음가짐만은 스스로가 정할 수 있습니다. 단지 바꿀 수 있는 게 그것뿐인 시간이 존재하며, 나를 격렬히 파괴하려는 타인이, 그리고 나 자신이 존재하는 만큼 우리는 우리 자신을 격렬히 지켜내야만 합니다.

05

상처

잊고 싶어서 발버둥 쳤던 기억들엔 온통 상처밖에 없다. 어쩌면 마음속에 흉이라고 생각했던 사건들은 아직 잊지 못한, 치유되지 못한 상처와 같다. 생의 강렬한 기억, 특정한 기억에 대한 트라우마, 잊지 못한 상처, 잊고 싶은 기억. 그것을 나는 '흉'이라 부른다. 사람은 상처가 남기는 흉을 두려워해서 상처가 나면 빠르게 병원에 간다. 그러나 마음에서 기인한 상처는 눈에 보이지 않아서 곪고, 진물이 나고, 일상생활에 좋지 않은 영향을 끼칠 때까지 알아차리지 못한다. 이제는 받아들일 수 없게 커져 버린 상처를 치료할 엄두가 나지 않아 모른 척 도망친다. 받아들일 수 없는 일, 마음으로부터의 강렬한 저항, 그로부터 도망치기 시작하면 상처는 흉으로 자리할 준비를 한다. 당신이 무서워 도망친 상처는 두려워할수록 더욱 선명해진다.

06

멍

그 시절의 나에게 부적과도 같았던, 나를 버티게 해주었던 쪽지를 오늘에서야 다시 발견했다. "너무 힘들어하지 말라고, 지금도 충분히 잘하고 있다고, 너 자신을 예쁘다 해달라고" 지독히도 미워했던 나 자신을 누군가가 예쁘다 해달라 말해준 그 종이 하나로 그 모든 순간을 버텼고, 나 자신을 지켰다. 새삼스럽게 나의 멍이 떠오른다. 힘듦의 흔적이라도 몸에 새기지 않으면 정말이지 이곳에서 나는 사라져 버릴 것만 같았으니까.

07

흉

마음에 진 흉은 어떻게 하든 지워지지 않는다. 아무도 알아볼 수 없는 흉이 야속하기도 해서 가끔은 몸이 투명했으면 한다. 타인도 나도 상처가 크고 아팠겠구나 하고 안아줄 수 있게.

08

화상

마음이 뜨거울 때, 거절당했다는 생각이 들었을 때, 잠깐 타올랐던 감정에 데이면 나는 늘 두 번도 시도치 않고 마음을 닫아버린다. 굳게 닫아서 내가 모르는 내 안의 어딘가로 던져버린다. 가끔 또 다른 비슷한 상황이 찾아오면 잃어버린 수화물처럼 잘려 나간 기억이 일련의 방식으로 돌아오기도 한다. 하지만 하나의 감정조차 맞이하기 어려워 모르는 척 굳게 닫아 던져버리는 나라서, 일련의 방식으로 나열된 기억들도 찰나가 지나면 다시 빠르게 던져진다. 나는 버렸는데 버려지지 않는 기억들, 데인 기억에 화상으로 남는 마음들. 나는 그러한 마음들을 두려워한다. 정확히 말하면 무서워한다. 버려질까, 소중하면 밀어냈던 사랑 앞에서 나는 한없이 불안정했고 모두 놓아주었다. 내 행복을 내 손에 쥐지 못하고 보내주었다. 버려질 기억 앞에서 조금 더 가슴 펴고 살고 싶다. 어차피 굳게 닫아 던질 것들을 굳이 두려워할 필요가 있었을까. 눈치를 보고 상대의 마음을 살피고 추측이 난무해서 마음이 시끄럽고.

09 감정

타인의 우는 모습에 나는 또 무너진다. 정말이지 괜찮은 것만 같다가, 아무렇지도 않다가 내 앞에서 우는 누군가 앞에서 위로가 아닌 진짜 감정을 느낀다. 우는 사람 앞에 울고 있는 나. 결국 너도, 나도 모두 힘들었어도 "늘 별거 아니야, 이 정도는 정말 별거 아니야." 하다가 먼저 넘어진 사람 옆에 나는 결국 주저앉아 울고야 만다. 늘 끝까지 몰아가는 것이 버릇이고, 쉬고 싶어도 나 혼자 주저앉아 있는 것만 같아서 채찍질하던 날들. 결국 그 사이에서 나는 내 마음을 알아주지 못하고 결국 먼저 감정을 꺼내 놓는 사람 앞에서야, 그제야 쉼이 필요함을 알아차린다. '내 마음의 속도는 어디쯤일까?' 가끔 알고 싶을 때가 있다. 타인으로부터 부서질 듯 지켜내어도 수많은 감정 앞에 나는, 나를 솔직하게 대하는 게, 나로부터 지켜내는 게 무엇보다 어렵게 느껴졌다.

10

과정

더 이상 빛처럼 느껴지던 일들이 그렇게 다가오진 않는다. 소진된 데다가 모두 끝나버렸다. 내 가운데에 구멍이 뻥 뚫린 기분, 어떤 식으로 메꿔야 할까.

　어제는 잠깐 모든 걸 해냈다는 기쁨이나 여행 계획에 잠깐 들떠있었다. 이다음엔 동굴로 들어가는 것이 맞는 수순인 것을 잊고 있었지. 단순한 해결로는 내 마음을 설득할 수 없어, 단순히 잘될 거라는 말로 나를 살게 할 수 없어, 늘 그런 말로 여기까지 버텨온 내가 절실히 증명하는 건 정말 그런 거 하나거든. 교훈적인 옛날이야기처럼 친절하게 살다 보면 좋은 날이 올 거라는 책임감 없는 이야기들이 줄 허탈함은 그저 잠깐의 모면이야, 순간순간을 벗어나 널 살게 하기 위한 위안, 위로, 합리화, 그런 건 사실 어디에도 쓸모가 없단다. 과정이 아닌 목표로 살다 보면 이런 식으로 늘 허탈해져. 반복되지만 내가 무엇을 잘못했는지 직시할 수 없어지지, 목표한 바를 위해 과정을 잊은 너는 절대 행복해질 수 없을 거야. 이루고 잠이 들 때 베개 밑으로 끊임없이 떨어지는 꿈을 꿀 거야.

1부 정의

안쪽부터 채워 넣어야 해. 목표로부터 이뤄진 마음은 차곡차곡 채워진 마음과는 분명히 다른 형식이라, 마음을 온전히 담당하기엔 너무 가벼운 이름이라.

노력 I

1부 정의

결국 나를 이루는 건, 날 울게 했던 것들. 꿋꿋하게 나아가기로 하자. 앞이 보이지 않아도 모두 버티는 시간이었어도 그 안에 내가 있었고 그게 지금의 나를 이루니까, 결국 순간의 나를 지탱하고야 마니까.

노력 II

1부 정의

초상화 앞에 앉아 몇 번이고 자신이 그린 인물을 새로 바라보며 서성이는 동양의 소년은 나의 걸음을 멈추게 했다. 인상 깊은 장면 앞에서는 괜히 판판하게 가슴을 다리지 않으면 일종의 죄책감이 느껴질 때가 있는데, 소년의 장면은 가슴 펴고 바라보지 않아도 어딘가 안락하게 느껴졌다. 남겨진 연습실에 몇 번이고 거울을 살피며 동작을 다듬는 나의 지친 모퉁이와 닮아 있었기 때문일까. 익숙해서 편안해지는 시선이 가끔 자랑스러울 때가 있다. 몇 번이고 다시 돌아가도 같을 테고 아파도 같은 길을 고를 테지. 나를 바라보던 타인의 눈빛을 이제야 이해한다. 섬광과 같은 순간은 경험에서 그리워지니까. 몸이 기억하니 돌아보기 마련이다.

13

무용

1부 정의

온 순간이 영화 같다. 음악이 그친다, 나는 음악이 그친 후 여운으로 움직이는 무용수를 가만히 바라보았다. 무음의 움직임은 이렇게나 아름답다. 이런 마음으로 해왔던 무용이다.

 검은 암전, 무대 뒤로 뛰어나온 무용수의 핸드폰에 무음의 전화가 걸려 왔다. '사랑해 엄마' 저장된 엄마의 이름이었다. 반짝였다. 난 아무래도 자라나는 내내 저런 마음을 받아왔다.

14

섬광

흡입력 있는 글은 본인의 형태처럼 나타난다. 무슨 뜻이냐 하면 발광, 그 자체의 반짝임이다. 존재에서 현란한 순간, 전체나 사람 자체를 대변하는 움직임. 어느 순간에서 보면 무대에 올라간 무용수의 결실과 비슷하게 느껴질 때가 많다. 자체로 빛남을 평가받고 연습의 과정을 높게 인정받는다. 혐오하던 무용에서 혐오가 걷힌 후로 나는 가끔 글의 형체에서 무용과 같은 본질을 본다. 그리하여 나는 글쓰기가 하나의 반짝임, 섬광처럼 느껴진다.

15
열정

열정을 쏟는 일을 관람하면 열정을 어떻게 쏟았었는지 금방 상기하게 돼. 열정의 방식, 내가 쌓아 올린 방식 그 하나가 기둥처럼 내 안에 남아있는 게 요즘은 다행인 것처럼 느껴져. 다행이야, 결국 내 안에 남은 것이 혐오가 아닌 열정과 가까운 긍정의 감정이라서. 내가 목격한 빛을 향해 걸어 나가는 것이 정답이겠지. 그 빛을 보고서야 어디로 나아가야 할지 알 것만 같아.

나의 정의 2부

우울

16

세계

우중충한 네덜란드 고속버스 안, 메마른 가지, 비가 내려 보송히 자란 잔디, 낮고 옅게 깐 안개, 질펀하고 광활한 운하. 이곳의 날씨는 나의 우울의 세계를 그대로 옮겨 놓은 것만 같다. 4년이 지났음에도 나는 아직도 이런 날씨엔 가슴을 펴고 맑은 날처럼 걸을 수 없고, 가라앉아 겨를 없이 걸리는 마음을 모른 척할 수도 없다. 3년을 앞서 언급한 단어로 구성된 겨울을 보냈다. 침대 밖에 발을 디딜 때부터 유리 조각 박힌 듯 섬짓하게 아픈 걸음을 참을 수 없었다. 상처에 등 돌려도, 아리고 아파서 금세 돌아가는 너무 견고히 형성된 나의 청소년기의 겨울. 순간을 골라낼 수 있다면, 하늘을 너무 오래 바라보지 않았더라면, 지금의 나는 어떤 모습이었을까. 쓰거나 읽고 바라보며 아파했을까.

17 문턱

2부 우울

문턱에 아슬히 매달린 사람을 붙잡아 낸다. 끈질긴 타인의 문턱을 보고 있는 것은 자신의 무력감을 실감하기에 너무나도 알맞은 일이라서 대체로 혼자 문턱에 매달려 있는 편이 이치에 맞는다고 끄덕여진다.

문턱 앞에서 스스로가 아닌 타인을 붙잡고 자신의 무력감을 실감하는 것은 절벽 끝자락에 매달려 의지를 상실한 이를 구하고야 말겠다고 다짐하는 일과도 같다. 그만큼 조금만 날씨가 변해도, 마음이 부패해도, 문턱의 냄새는 소름 끼치게 빠르게 나에게 걸어온다. 문턱의 근방은 생각보다 평범한 것들로 이루어져 있다. 일상에 필요한 모든 것들이 부패해있어서 보송한 모래나 흙처럼 그다지 이질감이 드는 존재도 아니다. 소중한 사람을 지키기 위해서 문턱에 다가서야 한다 해도, 가감 없이 다가가 지켜내겠다고 다짐하기 어려운 진흙의 형태를 띤다. 물론 순간의 나는 금세 그 주변을 도사리게 되는 사람인 것을 알고는 있지만, 그래도 내 발로, 나의 의지로 문턱에 머무르겠다고 가슴 펴고 말할 수는 없겠다.

2부 우울

엄마는 나를 위해 문턱에 머무르는 사람이었다. 함께 나오려고, 혹은 있는 힘껏 도망칠 반동을 갖게 하려고, 지금은 죽었다 깨어나도 다시는 못하겠다고 말하면서도. 나의 문턱에 도사리며 먹고 자고 매일을 돌아왔던 사람이다. 내가 서울에, 나의 문턱에 사는 동안 엄마는 일이 끝나면 매일을, 하루도 빼놓지 않고, 돌아왔다. 언제나 내게로 돌아왔다.

18

동굴

모든 의무를 다한 나는 언제나 아무도 나를 찾지 못하는 깊은 동굴 속으로 들어간다. '나조차도 나를 만질 수 없는 곳' 그런 곳이 필요해진다. 누구도 나의 동굴을 이해하지 못하고 이해받길 바라지 않는다. 그저 나조차도 모른 척하는 나를 잠시 못 본 척 어물쩍 넘어가 주길 바랄 뿐이다. 하지만 사랑하는 사람에게 내가 나의 동굴과도 같은 존재가 되는 것은 꽤 슬픈 일이다. 아무 일도 일어나지 않길 바라서 숨 쉬는 방법조차 잊은 적이 있다. 내가 나를 동굴로써 안고 살던 시절이 있다.

19 잠식

행복과 비례해 불행이 비친다. 숨길 수 없는 인간, 숙명처럼 살아가는 사람으로, 솔직하게 내비치지 않고는 속이 배기지 않을 수 없다. 행복이 비치고 나면 밤엔 불행이 침대맡을 넘어 범람해온다. 꾸물꾸물 액체의 어둠이 내 발을 기어올라 나를 덮친다. 먹히는 밤, 덮이는 심장, 잠식.

20

윤슬

남들보다 먼저 차가운 여름을 맞이한다. 내 마음속에 아무것도 맞이하지 않았던 날들과 내 앞에 넘실댔던 파도가 나의 우울이 되어 나를 뒤덮었던 순간이 있다. 아무 계절조차 온몸으로 맞이하지 않던 시절이 선명하다. 여름엔 겨울과 같은 옷을 입는다. 검은 모자, 길고 검은 티셔츠, 길고 검은 바지. 그 차림으로 여름을 내내 보냈다. 나의 긴 우울을 함께 했던 나의 모습이다. 나를 바라보는 모든 것들을 두려워했다. 용기 내어 외출했다가 사람을 마주치면 나는 며칠을 꿈속에서조차 나를 따라오는 눈알로 인해 앓아야 했다. 살아있는 모든 존재가 두려워서 꽃이 핀 다리 위에서 내려가지 못하고 오랜 시간을 울어야 했다. 나와 파도가 달랐다면 온전한 암흑 속에선 아무것도 보이지 않았는데, 이곳의 바다는 너무 맑아서 물결까지 모두 비친다. 나의 암흑 속에서 빛이 되어 나를 끌어주었던 것들을 기억하며 살아간다. 심해 속을 비춰 나를 찾아내던 손길들을 기억하며 걸어 나간다. 물결의 모양이 그저 아름다워서 넋을 잃고 바라볼 뿐인 것처럼 순식간에 나를 잠식시켜 가장 깊은 곳으로 끌려 내려가는 나를 손도 대지 못하고 그저 바라보기만 했다. 내가 놓아버린 나를, 그 깊은 심해 속을 비춰 나를 찾아내던 손길들이 있다. 그 손길들이 낸 자국과 모양들을

2부 우울

더듬더듬 기억해내서 매번 세상에 나온다. 아무것도 하지 않는 무기력한 나는 불투명히 어느 무엇도 비추지 않는다. 변함없이, 까마득히 보이지 않는다. 이 아름다운 곳 앞에서 암흑을 뒤돌아보니 다시 돌아가도 나는 이 기막힌 순식간의 잠식 앞에서 아무것도 하지 못했으리라는 것을 한순간에 안다. 그리고 앞으로도 그저 나를 잘 관찰하는 것만이 나의 물결을 예측하는 유일한 방법이라는 것을 알아낸다. 욕조 속에 얼굴을 넣으며 평생을 포기하는 기분은 늘 찌를 듯이 고통스럽다. 내 발아래에 있는 모래들은 이토록 부드럽게 물 밀듯 밀려왔다가 아무 일도 없었다는 듯이 빠져나간다. 내려가도 내려가도 끝이 없었던 나의 끝은 어디였나. 바닥까지 비칠 듯이 맑은 바다의 심해도 역시 끝이 없을 듯 까마득할까. 수평선이 연하늘, 연보라, 핑크, 구름으로 차곡차곡 덮여있다. 끝이 없을 것처럼 저 끝을 유영하는 기분은 어떤 기분일까. 어디서부터가 바다이고 어디서부터가 하늘인지 구분할 수 없고 구분할 필요조차 없는 저 끝에서 자유롭게 유영하며 쉬고 싶다. 물결 위에 햇살이 유연하게 굴러가 바닷속 가장 깊은 곳에 자리하도록. 그날의 내가 있는 듯 없는 듯 아무도 모르게 사라질 수 있었다면.

21 우울 I

큰 자연재해가 일어나고 나면, 모든 것이 휩쓸리고 나의 주거지, 나보다 더 소중한 무언가, 심지어는 나 자신조차 잃을 때가 있으니까.

하지만 사람 사는 곳이라는 게, 사람이라는 존재는 생각보다 대단해서, 몇 년이 지나면 금방 그 자리를 되찾는다. 점점 조금씩 느리게 하루하루 변해가서 그저 아이들에게 사람들에게 "이런 일도 있었다고 하더라, 정말이지 이런 일도 있었단다." 실로 사람이란 그런 존재다. 세월이라는 시간이 보상처럼 느껴질 땐, 나 또한 잠깐의 잔재 그런 것들만 남겨두고, 정말이지 없었던 일처럼, '내가 그럴 때가 있었다.' 하며 웃을 때가 그저 스치는 이야기가 될 때가 올지도 모른다. 그렇게 되면 정말이지 내가, 나 자신이, 나의 존재가, 잔재가, 재난의 흔적이 되는 거겠지.

2부 우울

정말이지 이런 시간을 간절히 바랐던 적이 있었다. 내게 없었던 일처럼, 아무 일도 일어나지 않았으면 좋겠다고. 나와 싸우는 일, 나를 혐오하는 일, 나를 찌르는 일은 지극히 고통스럽다. 재난과 같은 시간은 나를 덮치고, 아무 일 없었다는 듯 지나간다. 재건되고, 없었던 것처럼 숨겨졌다가 금세 소리로 덮인다.

22 우울 II

잔뜩 뛰는 마음을 들고, 당장이지 불을 뿜어내야만 할 것 같을 때, 나 자신을 어떻게 대해야 할지 도무지 알 수 없을 때, 가장 미운 모습의 나를 이해해 주는 사람 앞에 못난 내가 부풀려 느껴질 때, 이런 마음들로 일상을 건더내다 보면 사실 관계없는 타인의 잣대에 나를 기울여보게 된다. 과거의 나에게 괜스레 미안해져서, 현재가 무거워져서, 벌을 주지 않고는 배길 수 없어서, 과하게 자책하고, 화를 낸다. 내가 나 스스로를 바라보기에 충분히 엉망진창이라는 사실을 인정하는 것만으로도 힘이 든다. 마음처럼 되지 않아서 울고 떼를 부리는 나를 볼 때, 엄마는 이런 기분이었을까. 그런 상황에서 결국 나를 안아주는 엄마가, 어떤 방식으로 자신의 끝을 보았을지 상상해 본다. 가만히 서서 나의 발끝을 내려다본다.

23

시련

고요를 향해 도망쳐도 실로 절실히 고요한 곳으로 도망친다고 해도 우리에게 시련은 늘 소나기와 같다. 잠시 나아질 뿐 쉼 없이 장소와 관계없이 꾸준하게 우리에게 찾아온다. 우리를 두드린다.

24

무력

"다들 그 정도는 참고 사는 거 아닐까?" 내가 나에게 자주 되묻는 질문이다. 아니라고 희망찬 대답을 내어놓을 배짱도 없다. 더 나은 삶을 찾아가려고 앞에 놓인 시련들을 차례로 쳐내며 나아왔지만, 그다지 행복한 날도, 나쁜 일도 없다. 행복도 불행도 일상의 이면일 뿐 다른 결의 감정이라고는 느껴지지 않는다. 앞도 뒤도 판판한 어느 정도는 예상할 수 있는 모난 돌 없는 자갈길. 번외 편도 없이 이렇게 지속되는 일상이 불완전하게 무엇인가 하나 빠져있다는 걸 안다. 누구든지 모나질 곳이 필요하다. 안이 아니라면 바깥이어야 하고, 바깥이 아니라면 안이어야 하고. 안쪽도 바깥쪽도 아니면 그게 나 자신이어야 하고, 일상 속 견딤은 그렇게 누구에게나 찾아온다.

25

창문

요즘 들어 마음이 하나가 아니라는 걸 느껴. 어디서 나온 마음인지 자꾸 번쩍번쩍 여기 있다고 말하는데, 마음이 부시다, 부서져 버렸다.

26
다짐 I

창밖을 바라보며 마음만을 다잡던, 잡을 수 있는 것이 마음뿐이었던 날들이 여전히 눈을 감은 듯 선선히 기억난다. 그저 마음만을 부여잡고 넓게 보고 깊게 살자고, 제발 살아보자고 수백 번 다잡던 작은 창 속 수많은 단풍이 내 마음속에 여전히 자리한다. 나는 여전히 그 자리에 서 있다. 여전히 아무것도 놓지 못하고.

27
다짐 II

시선으로부터 감각되어 빛이 되는 순간이 있다. 잔가지마다 전해져 자라난, 선명하게 뿌리내려 곱씹게 하는. 자라날 마음이 배어 있는 시선에는 힘이 있다. 직접 보고 익혀서, 경험으로부터 뻗어 나온 다짐들은 몸 전체의 중심이 되어 자라난다. 버텨낸 하루들은 나의 일부야, 상처에 아파도 잊지 않는 곧은 일부가 되고 싶다. 살고 싶지 않을 땐, 모두 잊고 나는 당돌한 다짐이 되겠다고 말할 것이다.

28
흔적 I

가끔 이 일상들이 가슴 벅차게 말도 안 되는 것처럼 느껴져서 울고 싶어질 때가 있어. 지겹고 죽겠고 그만두고 싶은 일들만 가득하게 지냈었는데, 지나오고 돌아보니 전부 내가 나를 위해 했던 일이었던 거야. 꽤 과장된 이야기처럼 들릴지 모르겠지만 정말이지 나에겐 그래, 지나온 흔적은 그런 일이야. 온통 헛디뎌 걸었어도 잘못된 건 아니었던 거지. 죽음에 가까운 안도야, 안온한 평안이야, 잘 가꾸어 나갔으면 좋겠어. 미래의 내가 어제를 지지해도 괜찮게, 기인 따위 만들어가면 그만이라는 듯이.

29

흔적 II

2부 우울

어떤 마음으로 네가 여기까지 걸었는지 알아, 선명하게 새긴 펜으로 파내린 책상이 내 앞에 그대로 놓여있어. 잃어버리지 않을 과거를 새기려고 발버둥 쳤을, 사실 난 늘 버려진 기분이었어. 원망할 수 없이 자신을 버리는 건 가능한 일인 거지. 그래도 네가 파내린 이정표에 희미한 빛이 선명해질 정도로 많이 아파서 눈을 감아도 다시 돌아올 수 있어, 걸어갈 수 있어.

30
영원

변치 않는 작은 품, 기댈 수 있는 존재는 단순한 의미로 나를 충족시킬 수 있을 줄 알았다. 잠깐 안아도 떠나는 사람을 견딜 수 있을 줄 알았다. 사람이 버팀목이 된다는 건 어떤 의미인지, 바랄 수 없는 일이었다. 그럼에도 남겨진 나는 늘 부단히 일어서 나아가야 했다. 주저앉지 않으려면 어제를 허물 삼아 부단히 버텨내야 했다. 그럴 때마다 '늘 영원한 건 없어. 모든 건 변하기 마련이야. 영원한 건 나 하나야.' 결국은 영원이라는 것은, 그런 무형한 것은 믿을 수 없으니까.

31

막내

사랑이 내 마음만으로 되는 것도 아닌걸요. 모든 게 걸려있는 듯 손 뻗어보지만 잡히지 않아요. 나는요, 차라리 이런 마음이 나았어요. 기대와 같은 여행 전 설렘으로 터질 듯 안고 사는 용기가, 차라리 나았어요.

다치는 게 더 마음 편해요. 이보다 마음은 늘 더했는걸요, 어린 나보다 덜 아프게 사는 건 공평하지 않으니까.

32 인물 I
(소라)

소라는 울고 싶을 땐 꼭 책을 펼쳤다. 어렸을 적 슬픈 동화를 읽으며 흘렸던 눈물과 엄마의 토닥이던 손을 떠올리면 울어도 괜찮을 것만 같았다.

33

인물 II
(소나)

소나는 결국 울음을 터뜨리고서야 자신이 쭉 울고 싶었다는 것을 알았다. 무기력함과 아무것도 가진 것 없는 듯한 허한 공간의 감각, 할 일 외엔 욕구가 없는 축 처진 모양새. 사람은 자주 우는 법을 잊고, 사랑 앞에서 약해졌다.

34

인물 Ⅲ
(새벽)

너는 아침이 밝아오기 직전에 태어났다고 했다. 너는 태어날 때부터 아침을 맞는 첫 번째 사람이었던 것이다. 물론 그 시간에 태어나지 않았더라도, 너라는 사람은 모두의 새벽을 여는 사람이 되었을 테지만. 너는 끊임없이 아침을 사랑했고, 밤만을 보던 나조차 조금은 밝아지게 하는 힘이 있었다. 너와 네 개의 계절을 맞고 유독 느리게 흘러갔던 나의 계절이 봄을 맞았다. 거꾸로 가는 계절은 없을 테지만, 나는 너의 역행이었고 너는 그런 나를 순리대로 돌려놓는 사람이었다. 그러한 편안함으로 네 곁에 오래오래 있을 수 있기를 바랐다.

35

엔딩

"나는 애꿎게 들뜨게 만드는 끝이 참 밉더라. 이젠 차라리 무력한 아픔이 더 밝은 미래를 보게 해. 흉이라는 게 그런 힘이 있더라."

선으로 끝나는 장면들이 늘어날수록 나는 침수되어 절망한다. 더 간절히 원하고 필요로 수요되어질 희망들은 절망이 커질수록 늘어난다.

나의 정의 3부

균형

36 손길

글을 쓰겠다 다짐한 후로 이 작은 일은 나를 자꾸 넓은 세상으로 꺼내기 시작했다. 점점 더 넓은 세상으로 나올 수 있게 했다. 방 한 칸에서 한 달이고 두 달이고 나오지 않았던 시기에 내 마음엔 무엇인가 돌이킬 수 없는 일들이 끊임없이 피어나고 있었다. 몸을 일으켜 씻을 엄두도 거울을 보고 매만질 엄두도 나지 않았다. 그런 나를 일으켰던 일은 읽는 일, 쓰는 일, 짓는 일. 마음의 작은 일렁임은 늘 나를 가장 크게 일으킨다. 절대 잊지 말아야지, 늘 다짐하고 또 다짐해야지, 작은 마음이 어떤 건지 꼭 내주며 살아야지.

37

책

존재 자체로 위안이 되는 존재들이 있어. 무해하고 또 유해하게 삶에 위안이 되는, 죽고 싶을 때 살게 하고 살고 싶을 때 마음을 시들게 하는 수많은 상황들이 내 곁을 감싸고 살아가지. 하지만 그건 주변을 감싸고 금세 지나갈 안개일 뿐이니, 존재 자체에 너무 아파하지 마. 수많은 페이지 속 한 줄에 널 살리고 죽이지 마. 무던히 다 읽힐 거야, 넌 글자 사이 구석을 지나 넘길 거야.

38 필사

하교 후엔 인사동의 작은 찜질방에 방문했다. 마음이 많이 지쳐있었다. 나이 드신 할머니들이 많이 방문하시는 곳이라 혼자 어딘가 튀고 어긋난 기분이 들었는데, 모두가 싹싹하게 몸을 닦으셨고 나 혼자 설렁설렁인 부분에서 그랬다. 할머니들을 보고 있으니 유난히 공들여 따라 적은 페이지가 떠올랐는데, 누구보다 싹싹히 책을 필사할 때 나의 모습과 닮아있어 그랬다. 필사가 끝나고 나면 훨씬 가뿐하게 마음을 세수시킨 기분이 들어서 좋아서 펜을 드는 일을 참을 수가 없다. 나는 분명 같은 모습인데 다른 마음이 드는 부분이 아주 만족스럽다.

힘이 들 때마다 줄곧 나의 외형은, 사람들의 시선을 받는 껍데기였음을 인식하곤 한다. 외형을 단정하게 씻어내는 일을 성실히 하다 보면 가끔 내면과 이어지는 길을 찾아낼 수 있다. 몸을 구석구석 씻어내면 산뜻하게 표지를 펼칠 의지가 반짝하고, 향을 피우고 책을 구석구석 살펴보면 써야 개운해질 든든한 의지들이 생겨난다. 내게 문장을 쓰고 나열하는 일은 닿지 않는 손으로 마음을 닦는 일과도 같다.

39 일기 I

3부 균형

잠깐 부유하고 말 것인 일들. 시간이 지나면 해결되는 일들이 있듯이, 무엇도 없이 무디게 지나칠 말. 거세게 밀려왔다가 힘 없이 부서질 잔파도. 잘게 부서지는 파도 앞에서 했던 생각들을 쉽게 잊지 않듯이, 한켠의 기록을 아끼기 위해서, 잊힐 일을 적어 보는 것.

40 일기 II

끙끙 앓았다가 깨어나니 오히려 시원했다. 뭣도 아닌, 마음만 잔뜩 써버리고 아무것도 남지 않은 감정. 오히려 다행이었다 싶기도 하다. 울고 웃는 게 아니라 끙끙 앓기만 해서, 내 마음속에만 남아있는 것이 오히려 편안해서, 가까운 이들에게도 입을 꾸욱 다물고 있었다. 나만 아는 이야기, 마음속의 일기. 그런 시간이 필요한 마음이었나 보다.

41
고백

눈짓, 말투, 모두 하나하나가 일종의 고백이었다. 사랑한다는 말 하나로 다 할 수 없어 자박자박 쪼개어 읊조리던 행동들. 결국엔 다 명백히 온몸으로 전하고 있던 것들.

42

눈짓

잠깐이라도 사랑하게 된 사람을 보면,
나는 늘 눈으로 '나 잊지 마, 나 잊지 마'

그런 속삭임 같은 다짐을 담은 눈.
느껴줘, 알아줘, 기억해 줘.

43
사랑

자신이 없는 동안 나 스스로를 아끼는 방법을 배우라는 이가 있다. 내 부정적 사고에서 하나의 스위치를 켜 웃게 하는 사람. 사랑이란 이런 것이라 생각했고, 우정에서 나올 수 없는 힘이라 믿었다. 잦은 연애 감정에 휩쓸려 떠밀려 자주 외롭다고 말했을 때, 언니는 나의 사람들은 변함없이 곁에 있다고 말해주었다. 아직도 그 말은 파도에 자주 휩쓸리는 나를 위한 부표 같고 압박에 마지않고 사랑하는 나를 해방시킨다. 나를 반짝이며 사고하게 하는 따스한 곁, 사람, 우정, 연애, 가족. 그런 모든 과정들이 나를 울고 웃게 하는 지금의 따스한 사랑이다.

44

대
답

'거짓된 마음들이 돋아나는 세상에 살며

아플까 날 감추는 데 익숙해진 건 아닌지

그대여 난 온전한 그댈 원해요'

〈나의 대답〉 강아솔

난 언제나 이 노래를 들으면 눈물이 난다. 누군가는 나를 위해 기도해 줄지 모른다는 생각이 드니까, 아무도 없더라도 그저 나를 위해 나는 늘 이런 마음이니까. 어느 순간 누군가를 혐오하는 일 자체가 너무 벅차게 느껴진다. 나를 해치는 누군가를 나는 결코 혐오해야만 하고 그런 일들은 나를 너무 힘들게 한다. 너무나 노래와 다른 마음으로 나를 할퀸 자국이 떠오르는 것만 같으니까. 누군가에겐 그런 자국이, 내가 나 스스로를 살리기 위해 할퀸 그 상처가 나만큼은 아프게 닿지 않았으면 좋겠다. 그 후로 나는 혐오하는 일을 멈춘다. 결국 나를 위해서, 나쁜 마음들은 늘 내 숨을 멎게 하니까, 나를 숨 쉬지 못하게 하니까, 내가 창문을 닫지 못하는 가장 큰 이유가 되어 새벽마다 나를 덮쳐 오니까.

3부 균형

내가 혐오하는 모든 이들 또한 행복하길 빈다. 내가 어쩌면 할퀴었을지 모를 상처가 너무 아프지 않길 바란다. 언젠가 내가 당신께 주었던 마음이 아직 죽지 않고 숨 쉬길 바라면서.

45

절

오전 4시 30분, 아무것도 나를 깨우는 것이 없었으나 눈이 반짝 떠졌고 맑은 목탁 소리가 들렸다. 급히 화장실에 달려갔다가 분홍색 슬리퍼를 신고 목탁 소리를 향해 달려 나가서, 스님 뒤에 바짝 따라붙었다. 스님 뒤에 한없이 낮아져 조그만 강아지가 된 기분이었다. 작은 소리부터 시작하는 스님의 목탁 소리는 중흥사를 깨운다. 사람을 깨우지 않아도 새가 일어나고 장소 자체가 일어난다. 구석구석 장소를 깨우는 일은, 모든 곳을 매일매일 잊지 않고 찾아 깨우시는 힘이 나의 어딘가를 두드리는 기분이 든다. 목탁 소리와 예불 속 종소리는 밖에서 두드리는데 안에서부터 울린다. 목탁 소리는 반대편 산속에서 다시 한번 울리고, 종소리는 자신 안에서 수도 없이 맴돈다. 스님의 "아무것도 아닌 것이라"는 정말 다 괜찮게 한다. 듣는 이 없이 매일을 깨우는 사람이 이곳에 있다.

46

어깨 I

내려주고 싶다. 툭툭 털어주고 싶다. 육안으로 보이지 않는 상처가 보일 때야 마음이 시원해지는 사람은, 성할 리 없으니까.

47
어깨 II

어깨가 무겁다. 늘 자의로 질 수 없는 것들은 어느새 어깨에 지어져 있다. 내가 올리지 않은 어깨의 짐들은 내려놓는 법을 배워야만 비로소 내려놓을 수 있다. 평생을 몰라도 이상하지 않은 일. 그래서 대체로 많은 이들은 내가 메지 않은 가방을 빈번히 메고 걷는다. 마음은 그렇게 탄생한 본질, 그런 일이니까.

48

여행

떠나고 나서야 살 것 같다. 나의 길고 나른한 어둠들, 특출나게 별나게 찔리다가 이내 무뎌져 버린 구멍 뚫린 마음에 그동안 아무 말 없이 지냈다. 바닷물에 잠겨 고요히 눈을 뜰 수 있다면, 어느 때보다도 시원한 숨을 뱉어낼 수 있을 것 같았다. 늘 혼자 있고 싶었지만, 언제나 외로웠다. 어떤 것에도 목말랐지만, 물을 쥐어도 마시고 싶지 않았다. 지친 일상 속 나른함은 어느 때엔 행운, 또 어느 때엔 불행. 긴 어둠이 걷혀도 찰나의 충족일 뿐이니까. '나를 순간순간 적시러 떠나야 하는구나, 이렇게 떠나왔구나' 싶다.

49

수호

"저 그만두겠습니다. 저 그만하겠습니다." 이 말을 얼마나 하고 싶었던가. 나는 마지막으로 이 말을 내뱉고, 나를 포기하는 사람의 얼굴을 보고서야 잠에서 깨어났다. 나의 최대치에 대한 실감, 더 이상 나아갈 수 없겠다는 확신. 그 결정은 나에게 얼마나 두려운 일이었나. 나를 몇 번이고 포기하면서, 지켜온 것들은 나에게 얼마나 소중한 일이었나. 이제 나를 지키기로 한다. 나를 포기해가며 무언가를 지키지 않기로 한다.

3부 균형

일이 풀리지 않을 때, 몸과 마음이 답답할 때, 내가 도저히 앞으로 나아가고 있는 것 같지 않을 때. 러닝머신 위에 올라서서 아무 생각 없이 걷다 보면 실제로 내가 내 삶 위에서 걷고 있는 기분이 든다. 모든 게 과정이고 내 삶의 일부라는 것을 인정하게 된다.

　걷는 것이, 숨차게 달리는 것이 그저 감량을 위한 하루치의 과제처럼 느껴지던 순간들이 있었다. 오로지 목표의 충족이나 달성을 위해 순간을 해치우기 위해 달렸고 마음의 여유가 없었다. 모든 것이 마음먹기에, 마음을 다스리기에 달려있다는 생각이 든다. 의지대로 움직이지 않을지도 모를 미래에 지레 겁을 먹는 건 어쩌면 당연한 일이니까, 마음을 다스리는 일은 정말이지 내가 할 수 있는 나만의 몫이니까.

51

균형

힘들었지만, 정확히 힘들었다고 말하기는 어려웠다. 견디기 어려운 날들이 지속되었지만, 그에 합당한 감정이나 이유를 정확히 알아내거나 정의할 수 없어 자유로이 힘들다고 말하기는 쉽지 않았다. 늘 물음표, 확신 없는 힘듦 앞에서 사람은 자신을 더 구석으로 밀어 넣기 쉽다. 목표는 완벽한 마침표를 위한 일이 아니기 때문이고, 목표 외에 우리는 우리가 살아내야 할 소소하지만, 행복한 일상을 지켜내야 하기 때문이다. 결국 가장 어려운 것은 균형을 맞추는 일. 내가 해야 할 복잡한 일 가운데에서 툭툭 털고 다음 챕터로 넘어가고 돌아보지 않을 용기, 순간의 선택과 같은 일들은 비로소 나의 균형과 용기에서.

52

행복

"앞으로 뭘 하든 다 잘될 거예요." 찰나의 희망일 뿐이지만 그런 말, 감정 하나하나에 살아갈 의미를 얻어 가는 게 작은 행복이 되니까. 굵직한 행복을 가끔 느끼는 것보다 자잘한 행복이 더 많았으면 좋겠다.

53

문

삶의 마지막 길목에는 작은 문이 있다. 나의 의지의 마지막에는 작은 문이 있다. 종이의 끝에 작은 문을 그리면 그 문은 언제든 당신의 마음이 되어준다. 모든 감정을 솔직하게 넣어놓아도 아무도 비난하지 않는, 당신이 숨을 곳이 되어준다. 모든 책과 노트에 언제든 당신이 마음을 뉠 수 있는 작은 방이 있다.

54

통로

열심히 노력해서 이뤄낸 것이 내가 생각했던 것보다 화려하지 않은, 그냥 상상 속의 성이었음을 깨닫게 될 때, 우리는 대개 건너온 과정 자체가 의미 없다고 생각하기 쉬워지는 것 같아요. 보이지 않는 숲속을 걷는 일은 늘 어려워요. 앞이 보이지 않는 내가 구덩이에 빠지고, 맹수를 만나고, 늪에 빠지면서도 이 숲속에서 나가는 방법을 알 수 없을 때가 많이 있죠. 피가 나고 상처가 난 내가 성에 도착했을 때 내가 숲을 건너온 일은 성에 도착한 것과 별개로 건너온 과정 자체로 의미 있는 일이에요. 내가 숲을 건너오는 과정에서 지울 수 없는 흉터가 났든, 삶의 의미를 찾지 못했든 충분해요. 내가 바라보고 달려온 성이 허름하고 내 마음에 들지 않아도, 내가 걸어낸 숲속의 의미는 변치 않을 경험이에요. 건너온 자체로 의미 있는 일이에요.

55

연말

한 해를 돌아보니 숨차게도 달렸다. 좋아하는 것을 사랑하고 싫어하는 것을 미워하는 일이 당연한데도 싫어하는 일을 사랑하지 못하는 나를 못내 힘겨워했고 주변 사람에게도 전해졌던 것 같다. 그럼에도 나를 알아보지 못하는 인연에게 마음을 쏟는 게 힘 빠지게 느껴졌다. 떨림만으로 시작하는 연애가 나를 갉아먹는다고 생각했다. 이제야 연말이 가고 한 해가 지났구나 안다. 결국 맥도날드에 앉아서 의외의 장소에 안정감을 느끼면서 행복하다 말한다. '행복은 뭘까, 대체 어디서 찾을 수 있을까?' 하는 생각을 올해 연말에 정말 많이 했다. 미친 듯이 달려 성취해서 이루는 행복에는 제한이 있다고 느껴졌다. 눈앞에 있는 행복을 지금 당장 후회 없이 즐기고 싶다.

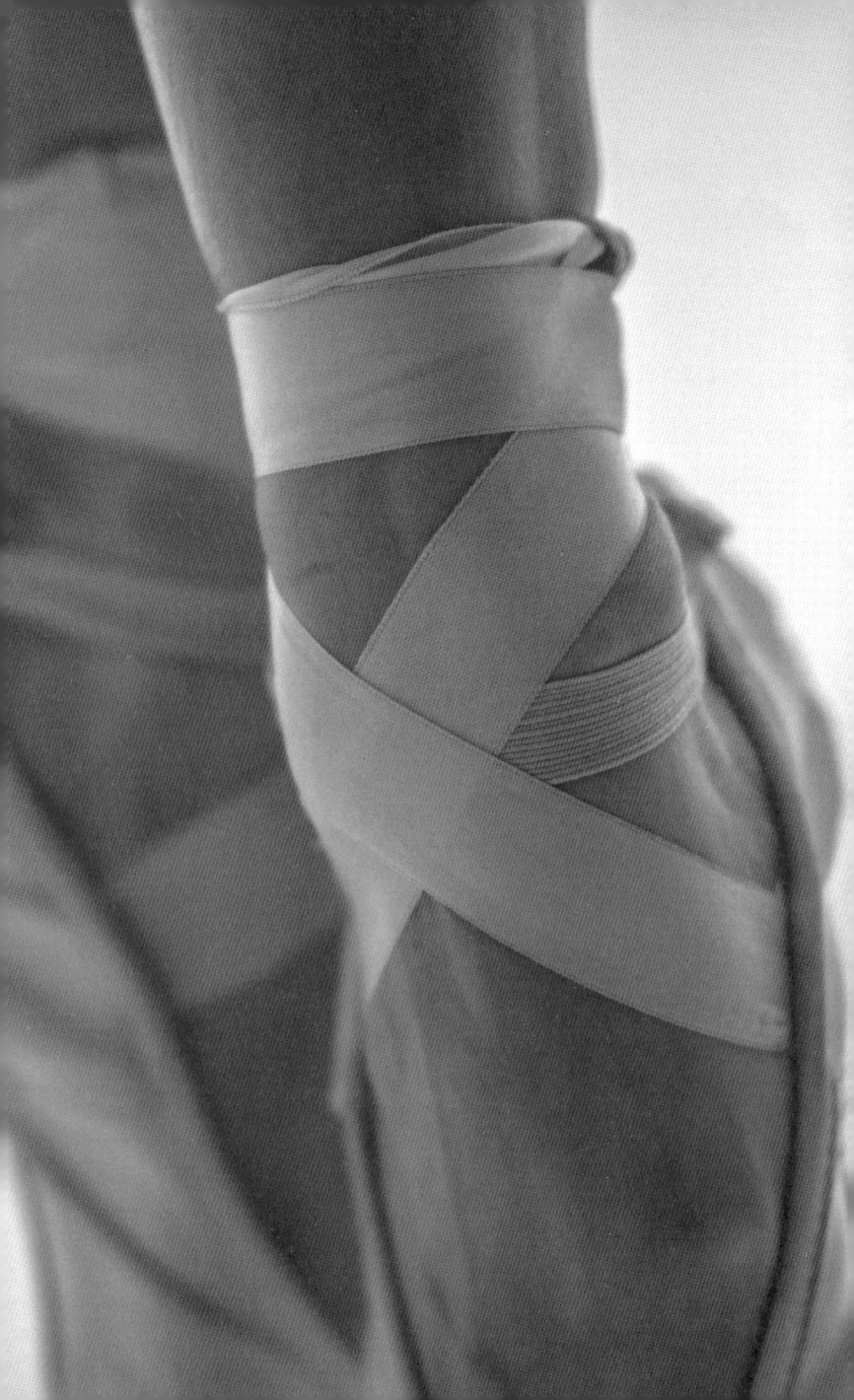

에필로그

 이 단상집은 작고 깡마른 초등학교 5학년의 어떤 소녀의 삶의 균형에서부터 시작됩니다. 소녀의 전부는 발레였습니다. 일어나서 자기 전까지 온통 발레 생각뿐이었던 유년기를 지나, 고등학교 3학년에 진학하던 해에 과도한 다이어트는 폭식증을 불러왔고, 단기간에 10kg 이상 증량한 자기 모습을 보이지 않기 위해 집에 틀어박혀 아무도 만나지 않는 방식을 택합니다. 일한 만큼 쉬고, 움직인 만큼 먹는 그런 당연한 균형은 어디에서도 배운 적이 없었고, 내 전부인 발레를 잘 해내지 못하는 스스로를 있는 힘껏 미워하는 방식은 너무나도 쉬웠습니다.

 모든 것을 내려놓았던 시기에 그녀를 울리고 살렸던 상담 속에서 '나' 자신을 되찾았을 때, 그녀는 무용수들을 위한 심리학 공부를 시작하겠다고 다짐하게 됩니다. 벌써 상담과 치료를 병행하기 시작한 지 4년이라는 시간이 흘렀네요. 삶의 균형을 찾아가기 위해 내렸던 나의 작은 정의들이 드디어 책에 담겨 세상에 나옵니다. 늘 혐오했던 나의 정의가 아파도 너무 미워하진 말아 주세요.

나아가고 싶다는 생각이 들지 않거나, 어디로 나아가야 할지 알 수 없다면 가까운 상담센터에 방문해보세요. 내가 포기한 나를 버텨내 보세요. 그곳에선 나의 정의를, 내가 나아가야 할 방향을 스스로 찾아낼 수 있게 될 겁니다.

2023년 벚꽃 필 무렵, 지우 올림

나의 정의

초판 인쇄	2023년 5월 1일
초판 발행	2023년 5월 5일

글	지우
편 집	평오(@pyeong_oh)
디 자 인	평오(@pyeong_oh)

Instagram	@bemyequilibrium
E-mail	bemyself_center@naver.com

* Copyright 2023, Equilibrium all rights reserved
* 본 책은 제작자의 지적 재산이므로 무단 복제를 금합니다.
* 이 책 내용의 전부 또는 일부를 재사용하려면 반드시 저작자의 서면 동의를 받아야 합니다.